D1011126

Yellow Umbrella Books are published by Capstone Press,
151 Good Counsel Drive, P.O. Box 669, Mankato, Minnesota 56002.
www.capstonepress.com

Library of Congress Cataloging-in-Publication Data
Jackson, Abby.
   [Homes. Spanish]
   Los hogares / por Abby Jackson.
   p. cm.—(Yellow Umbrella: Social Studies - Spanish)
   Includes index.
   ISBN 0-7368-4177-6 (hardcover)
   1. Dwellings—Juvenile literature. I. Title.
TH4811.5.J32518 2005
392.3'6—dc22   2004052988

Summary: Simple text and photographs introduce why people have homes and some of
the different kinds of homes found around the world.

Editorial Credits
Editorial Director: Mary Lindeen
Editor: Jennifer VanVoorst
Photo Researcher: Wanda Winch
Developer: Raindrop Publishing
Adapted Translations: Gloria Ramos
Spanish Language Consultants: Jesús Cervantes, Anita Constantino
Conversion Editor: Roberta Basel

Photo Credits
Cover: Royalty-Free/Corbis; Title Page: Royalty-Free/Corbis; Page 2: Rob Van Petten/
DigitalVision; Page 3: DigitalVision; Page 4: Steven Frishling/Corbis Sygma; Page 5:
Royalty-Free/Corbis; Page 6: Candace Scharsu/Bruce Coleman, Inc.; Page 7: Steven
Alexander/Index Stock Imagery; Page 8: Guido Alberto Rossi/Brand X Pictures;
Page 9: Stockbyte; Page 10: Corel; Page 11: Grayce Roessler/Index Stock Imagery;
Page 12: David Samuel Robbins/Corbis; Page 13: Kevin Fleming/Corbis; Page 14:
Scott Christopher/Index Stock Imagery; Page 15: Adrian Arbib/Corbis; Page 16:
Omni Photo Communications, Inc./Index Stock Imagery

Los hogares

por Abby Jackson

Consultant: Dwight Herold, Ed.D., Past President,
Iowa Council for the Social Studies

Yellow Umbrella Books
Social Studies - Spanish

an imprint of Capstone Press
Mankato, Minnesota

¿Qué es un hogar?

¿Qué es un hogar? Es el lugar donde vivimos. Es un lugar donde nos sentimos seguros.

Es el lugar donde regresamos al final del día. Un hogar es un lugar para cocinar, comer, y dormir.

Un hogar nos protege.
Sus paredes mantienen el calor
dentro. Su techo no deja
entrar ni la lluvia ni la nieve.

Todas estas cosas hacen
un hogar. Pero, los hogares
no son iguales en todas partes.

Usando lo que tenemos a mano

Hay tipos diferentes de hogares. La gente construye sus hogares con lo que tienen a mano.

Este hogar está hecho con madera.
Es fácil construir con madera.

Este hogar está hecho
con palos y lodo. El lodo
hace un hogar fuerte.

Este hogar tiene un techo hecho de hierba. El techo está hecho de un tejido fuerte para mantener la lluvia fuera.

Este hogar está en el desierto.
Está hecho con barro. El barro
mantiene el hogar fresco.

Este hogar está en el Artico.
Está hecho con bloques de hielo
y de nieve. Sin embargo,
la gente se mantiene caliente
cuando está dentro.

Hogares que se pueden mover

Algunas personas siempre se mueven de un lugar a otro. Ellos construyen hogares simples dondequiera que estén.

Pueden construir sus hogares rápidamente. Estos hogares son simples pero fuertes.

Algunos de estos hogares están hechos de palos y ramas. Otros están hechos de cobijas.

Estos hogares protegen a la gente del viento y de la arena. También es fácil de recogerlos y moverlos.

Tu hogar

La gente vive en hogares
diferentes. ¿Cómo es tu hogar?

Glosario/Índice

Word Count: 246
Early-Intervention Level: 12